Katharina Klett (Hrsg.)

Getröstet und geborgen

Die Zeit der Trauer überwinden

Agentur des Rauhen Hauses Hamburg

Loslassen und Zurückbleiben

Abschied nehmen von einem lieben Menschen, mit dem man eine Wegstrecke lang zusammen gelebt hat, das ist wohl das Leidvollste im Leben. So wie es in der Bibel steht „(. . .) hat alles was lebt seine Zeit."

Ein jegliches hat seine Zeit,
und alles Vorhaben unter dem Himmel hat seine Stunde:
Geboren werden hat seine Zeit,
sterben hat seine Zeit,
pflanzen hat seine Zeit,
ausreißen, was gepflanzt ist, hat seine Zeit.

Leben ohne Leiden gibt es nicht, das ist schwer zu begreifen, doch es ist leider so. Mitten im Leben sind wir vom Tod umfangen, aber wir sind auch mitten im Tod vom Leben umfangen.
„Die Schöpfung ist der Vergänglichkeit unterworfen," schreibt Paulus, „und diese Vergänglichkeit ist keine Frage des Alters."
Der Tod kommt als eine Zumutung, und wir müssen bei jedem endgültigen Abschied erfahren, daß es keinen Anspruch auf Leben gibt. Wenn uns aber das Sterben eines Menschen unsere Grenzen sichtbar

macht, was oder wer kann dann die Grenze zwischen Tod und Leben aufheben? Wir Christen kennen die Antwort!

Komme, was mag – Gott ist mächtig!
Wenn unsere Tage verdunkelt sind,
und unsere Nächte finsterer
als tausend Mitternächte,
so wollen wir stets daran denken,
daß es in der Welt eine große,
segnende Kraft gibt, die Gott heißt.
Gott kann Wege
aus der Ausweglosigkeit weisen.
Er will das dunkle Gestern
in ein helles Morgen verwandeln –
zuletzt in den leuchtenden Morgen
der Ewigkeit.

Martin Luther King

Dieses starke Vertrauen zu Gott, diese Zuversicht, die aus den Worten von Martin Luther King kommt, wünschen wir uns auch. „Finstere Nächte", das heißt doch, schlaflose Stunden, dunkle, quälende Gedanken, Sorgen, die uns bedrücken, und manchmal sogar Hoffnungslosigkeit – aber auch einen Ausweg aus der Finsternis, aus der scheinbaren Weg- und Hoffnungsloskeit in einen Morgen, sogar in einen „leuchtenden Morgen".

Wer trauert, sucht die Einsamkeit und will mit seinem Schicksal zuerst einmal fertig werden. In dieser Situation fühlen wir uns von Gott herausgefordert und sind doch stärker auf seine bewahrende und tröstende Nähe angewiesen als zu jeder anderen Zeit.

Der Psalmist (36,10) schreibt dazu:

„Gott, bei Dir ist die Quelle des Lebens und in Deinem Licht sehen wir das Licht."

Der Gott, der uns zum Leben und zum Sterben geschaffen hat, hat uns auch die Kraft gegeben, Trennung und Trauer zu bewältigen. Trauern verbraucht Energie. Neue Kraft zu schöpfen, sich zu erholen, braucht Ruhe.

Vielleicht können Sie jetzt noch nicht an später denken. Lassen Sie sich Zeit. In den kommenden Stunden, in denen Sie sich allein gelassen glauben, möchte dieses kleine Trostbüchlein Ihr Wegbegleiter sein. Worte aus der Bibel und Texte jener Menschen, die sich nicht an ihrem Schmerz verlieren wollten, können Ihnen helfen und Ihnen Mut machen, die Zeit Ihrer Trauer zu überwinden.

Mitte der Nacht

Die wichtigsten Fragen, die wir stellen können, sind die unlösbarsten. Es gibt keine direkte Antwort auf die Frage nach dem Sinn des Lebens. Aber es gibt einen Glauben, der so ist, daß wir unsere Frage aus der Hand legen können. Er gibt zwar keinen Bescheid, aber den Frieden, und der Friede ist mehr als das Bescheidwissen. Die Einsicht aber, daß die Mitte der Nacht der Anfang des Tages ist, daß in der Dunkelheit menschlicher Angst der Tag Gottes anbricht, ist die Frucht, die aus dem Frieden erwächst.

Jörg Zink

Der Mensch lebt und bestehet
nur eine kleine Zeit;
und alle Welt vergehet
mit ihrer Herrlichkeit.
Es ist nur einer Ewig und an allen Enden
und wir in seinen Händen.

Matthias Claudius

Im Nebel

Seltsam, im Nebel zu wandern!
Einsam ist jeder Busch und Stein,
Kein Baum sieht den andern,
Jeder ist allein.

Voll von Freunden war mir die Welt,
Als noch mein Leben licht war;
Nun, da der Nebel fällt,
Ist keiner mehr sichtbar.

Wahrlich, keiner ist weise,
Der nicht das Dunkel kennt,
Das unentrinnbar und leise
von allem ihn trennt.

Seltsam, im Nebel zu wandern!
Leben ist Einsamsein.
Kein Mensch kennt den andern,
Jeder ist allein.

Hermann Hesse

Herr, mein Gott,
meine Gedanken kommen nicht zur Ruhe.
Fragen bedrängen mich
und beängstigen mein Gemüt,
sie bringen mir Zweifel
und verletzen meinen Glauben.
Hilf mir in meinem Schmerz
und in meinen Sorgen.
Laß mich ruhig werden,
damit ich dich hören und verstehen kann.
Gib mir Zuversicht und Hoffnung
und schenke mir Deinen Frieden.
Amen

Gott hat mich gesandt,
den Elenden gute Botschaft zu bringen,
zu verbinden und zu trösten alle Traurigen.

Aus Jesaja 61

Die Sonne sinkt, die Strahlen kommen schräg,
Nun fürchte nicht die dunkle Stundenfahrt,
Ich bin bei dir und zeige dir den Weg,
Bei Tag und Nacht bin ich von gleicher Art,

Wo Sonne glänzt, werden Sterne stehn
Und Licht ist alles was dein Blick gewahrt,
Ich sage dir: du kannst nichts andres sehn.
Es ist die stete, ewig-gleiche Flut,

Die Dich umkreist im Auf- und Niedergehn.
Der Strahl, der einem Auge wehetut,
Bringt einem andren stille Heilung mit.
Du weißt es nicht, was in den Dingen ruht

Und wenn dein Herz an manchen Rätseln litt,
So magst du wissen: dieses ist vielleicht
Sein Pochen nur beim Hall von meinem Schritt
Und immer nur mein Licht, das dich erreicht.

Henry von Heiseler

„Sterben ist ebenso natürlich wie geboren werden; und für einen Säugling ist das eine vielleicht genauso schmerzhaft wie für uns das andere."

Francis Bacon

Ich bin die Auferstehung und das Leben.
Wer an mich glaubt, der wird leben,
selbst wenn er stirbt. Und wer lebt
und an mich glaubt, der wird
niemals sterben.

Johannes 11.25

Auferstehung ist der Schlüssel zur Zukunft.
Sie ist nicht eine Idee,
die ein Mensch sich erträumt hat
in den besten Stunden seiner Sehnsucht.
Sie ist das Versprechen Gottes,
daß er die Verbindung zwischen ihm und uns
nach dem Tod nicht abreißen läßt.
Die Wahrheit dieses Satzes ist gedeckt
durch die Auferstehung Jesu Christi.

Johannes Kuhn

Beide haben Zukunft

Vertrauen in Gottes Gegenwart

Alles, was wir mit Recht von Gott erwarten, erbitten dürfen, ist in Jesus Christus zu finden. Was ein Gott, so wie wir ihn uns denken, alles tun müßte und könnte, damit hat der Gott Jesus Christi nichts zu tun. Wir müssen uns immer wieder sehr lange und sehr ruhig in das Leben, Sprechen, Handeln, Leiden und Sterben Jesu versenken, um zu erkennen, was Gott verheißt und was er erfüllt.

Gewiß ist, daß wir immer in der Nähe und unter der Gegenwart Gottes leben dürfen und daß dieses Leben für uns ein ganz neues Leben ist; daß es für uns nichts Unmögliches gibt; daß keine irdische Macht uns anrühren kann ohne Gottes Willen, und daß Gefahr und Not uns nur näher zu Gott treibt; gewiß ist, daß wir nichts zu beanspruchen haben und doch alles erbitten dürfen; gewiß ist, daß im Leiden unsre Freude, im Sterben unser Leben verborgen ist; gewiß ist, daß wir in dem allen in einer Gemeinschaft stehen, die uns trägt. Zu all dem hat Gott in Jesus Ja und Amen gesagt. Dieses Ja und Amen ist der feste Boden, auf dem wir stehen.

Immer wieder in dieser turbulenten Zeit verlieren wir aus dem Auge, warum es sich eigentlich zu leben lohnt. Wir meinen, weil dieser oder jener Mensch lebe, habe es auch für uns Sinn zu leben. In Wahrheit aber ist es doch so: Wenn die Erde gewürdigt wurde, den Menschen Jesus Christus zu tragen, wenn ein Mensch wie Jesus Christus gelebt hat, dann und nur dann hat es für uns Menschen einen Sinn zu leben. Hätte Jesus nicht gelebt, dann wäre unser Leben trotz aller anderen Menschen, die wir kennen, verehren und lieben, sinnlos.

Dietrich Bonhoeffer

Gott, zu Dir rufe ich

In mir ist es finster – aber bei Dir ist das Licht.
Ich bin einsam – aber Du verläßt mich nicht.
Ich bin kleinmütig – aber bei Dir ist Hilfe.
Ich bin unruhig – aber bei Dir ist Friede.
In mir ist Bitterkeit – aber bei Dir ist Geduld.
Ich verstehe Deine Führung nicht – aber Du weißt den Weg für mich.

Dietrich Bonhoeffer

Der Herr ist nahe denen,
die zerbrochenen Herzens sind.

Psalm 34/19

Was, wenn das Herz vor Traurigkeit stillsteht, Gott im Nebel des Unglaubens unerkennbar wird, wenn nichts mehr befriedigt?
Wie soll ich mit zerbrochenem Herzen weiterleben? Das geht doch nur, wenn mir jemand von außen entgegenkommt, nahebleibt, mein zerbrochenes Herz als ein menschliches Herz akzeptiert. Für andere Menschen bin ich dann nicht mehr zugänglich, auch für liebevolle Annäherung nicht. Daran zerbricht mein Herz noch mehr. Dann bleibt mir entweder das Resignieren oder die Nähe Jesu in seinen letzten Lebensstunden wird mir Wirklichkeit. Er war überzeugt, von Gott verlassen zu sein, obwohl er den 34. Psalm doch kannte: Gott ist denen nahe, die ein zerbrochenes Herz haben. Er hat die Wahrheit dieser Glaubenserfahrung noch am Kreuz erlebt.
Dieses Wissen des Herzens läßt sich in Tagen mit heilem Herzen erwerben. Und dann kann man nur hoffen und beten, daß die Nähe Gottes dem Schmerz des zerbrochenen Herzens standhält.

Michael Benckert

Der irdische Tod wird für den, der in der Liebe Gottes lebt, nicht aufgehoben, und was etwa auf denTod folgt, wird nicht offenbart. Wir haben nichts als die Verheißung, daß die Liebe ewiglich währt, und aus dieser Voraussetzung heraus können wir so leben, als ob der Tod keine Macht über uns hätte. Mit einem Bilde: wir haben einen Schlüssel empfangen. Aber als irdisch Lebende können wir die Pforte nicht aufschließen. Wir existieren nur in der Hoffnung, daß der Tod nicht in das Nichts hineinführt, sondern daß gerade er die Pforte ist, durch die wir in Gottes Herrlichkeit eingehen.

Eduard Spranger

Die Blätter fallen, fallen wie von weit,
als welkten in den Himmeln ferne Gärten;
sie fallen mit verneinender Gebärde.
Und in den Nächten fällt die schwere Erde
aus allen Sternen in die Einsamkeit.
Wir alle fallen. Diese Hand da fällt.
Und sieh dir andre an: es ist in allen.
Und doch ist Einer, welcher dieses Fallen
unendlich sanft in seinen Händen hält.

Rainer-Maria Rilke

Es ist so

Gott schlägt Pfade aus steilen Felsen
für unsere zaghaften Füße.
Gott läßt Wasser sprudeln
in der Wüste der Welt, in der Durst so quält.
Gott schafft Licht in der Nacht
unseres hoffnungsarmen Lebens.
Kannst du das glauben?

Es ist so.
Viele vor dir haben es erfahren.
Gott weiß um unsre Weglosigkeit,
Gott weiß um unsern Durst,
Gott weiß um unsre Nacht.
Er will uns helfen.
Kannst du das glauben?

Es ist so.
Viele vor dir haben es erfahren.
Komm!
Laß dir helfen.

Hilde Hofmann

Bäume

Ein Baum spricht: Meine Kraft ist das Vertrauen. Ich weiß nichts von meinen Vätern, ich weiß nichts von den tausend Kindern, die in jedem Jahr aus mir entstehen. Ich vertraue, daß Gott in mir ist. Aus diesem Vertrauen lebe ich.

Wenn wir traurig sind und das Leben nicht mehr gut ertragen können, dann kann ein Baum zu uns sprechen: Sei still! Sei still! Sieh mich an! Leben ist nicht leicht, Leben ist nicht schwer. Das sind Kindergedanken. Laß Gott in dir reden, so schweigen sie. Du bangst, weil dich dein Weg von der Mutter und Heimat wegführt. Aber jeder Schritt und Tag führt dich neu der Mutter entgegen. Heimat ist nicht da oder dort. Heimat ist in dir innen, oder nirgends.

Wandersehnsucht reißt mir am Herzen, wenn ich Bäume höre, die abends im Wind rauschen. Sie ist nicht Fortlaufenwollen vor dem Leide, wie es schien. Sie ist Sehnsucht nach Heimat, nach Gedächtnis der Mutter, nach neuen Gleichnissen des Lebens. Sie führt nach Hause. Jeder Weg führt nach Hause, jeder Schritt ist Geburt, jeder Schritt ist Tod, jedes Grab ist Mutter.

Hermann Hesse

Umkehr läßt mich leben

In unserem Innern
sind die Eindrücke
aller Fehltritte zu lesen
die wir begangen haben
alle Spuren von Verwundungen
die uns zugefügt wurden
Nach und nach
verwehen sie
werden sie zugedeckt
Sie nicht mehr sehen können
heißt aber nicht
nicht mehr da sein
nicht geschehn sein
nicht gewesen sein

Wirklichkeit heißt
ich sehe
ich erkenne
ich kehre um
Erkenntnis läßt mich neu werden
Umkehr läßt mich leben

Hans-J. Meilinger

Kein Wachstum ohne Schmerz

Es gibt kein Wachstum ohne Schmerz und Konflikt; es gibt keinen Verlust, der nicht zu einem Gewinn werden könnte. Obwohl diese inneren Zusammenhänge das ganze Leben ausmachen, ist dies schwer einzusehen für jemanden, der den Verlust eines ihm wichtigen Menschen hinnehmen muß. Wir wissen alle, daß wir durch die Überwindung von Schwierigkeiten und Schmerzen wachsen und stärker werden, und dennoch ist berechtigterweise unser Bestreben, Schmerzen und Leiden zu eliminieren. Wie immer unsere medizinischen und sozialen Erfolge sich auch gestalten mögen, so scheint doch keine Aussicht darauf zu bestehen, daß wir jemals befreit würden von Tod und Schmerz und Leid. Besser wäre es, wenn wir uns statt dessen um eine tiefere Erkenntnis des Todes bemühten und das unvermeidliche Leiden zur Förderung unseres Wachstums werden lassen.

Lily Pinkus

Wir wollen nicht trauern,
daß wir ihn verloren haben,
sondern dankbar sein dafür,
daß wir ihn gehabt haben,
ja auch jetzt noch besitzen.
Denn wer heimkommt zum Herrn,
bleibt in der Gemeinschaft der Gottesfamilie
und ist nur vorausgegangen.

Hieronymus

Von allen Seiten
umgibst du mich
und hältst deine Hand über mir.

Psalm 139,5

Ich erwarte,
daß ich nur einmal
durch diese Welt gehe.
Deshalb will ich
alles Gute,
das ich tun kann,
jetzt tun,
und jede Freundlichkeit,
die ich einem Menschen
erweisen kann,
jetzt erweisen.
Ich will es
nicht verschieben
und nicht übersehen,
denn ich werde
den gleichen Weg
nicht zurückkommen.

Stephen Grellet

Textnachweis

S. 7   Mitte der Nacht, aus: Jörg Zink, Die Mitte der Nacht ist der Anfang des Tages, Kreuz Verlag, Stuttgart
S. 8   Im Nebel, aus: Hermann Hesse, Die Gedichte, Suhrkamp Verlag, Frankfurt/M.
S. 11   Die Sonne sinkt (...), aus: Henry von Heiseler, Sämtliche Werke, Verlag Lambert Schneider, Heidelberg, 1965
S. 14   Auferstehung (...), aus: All Zeit und Stunde, Johannes Kiefel Verlag, Wuppertal-Barmen, 1972
S. 16   Vertrauen in Gottes Gegenwart, aus: Dietrich Bonhoeffer, Widerstand und Ergebung, Chr. Kaiser Verlag, München, 1985
S. 17   Gott, zu Dir rufe ich, dto.
S. 20   Der irdische Tod (...), aus: Eduard Spranger, Der unbekannte Gott, Vandenhoeck & Ruprecht, Göttingen, 2. Aufl. 1955
S. 24   Bäume, aus: Hermann Hesse, Gesammelte Werke, Suhrkamp Verlag, Frankfurt/M.
S. 26   Umkehr läßt mich leben, aus: Hans-J. Meilinger, Die Wüste befreit, Verlag Herder, Freiburg i. Br.
S. 28   Kein Wachstum ohne Schmerz, aus: Lily Pinkus, . . . bis der Tod uns scheidet, Deutsche Verlagsanstalt, Stuttgart, 1977

Wir haben uns bemüht, alle Zitate zu verifizieren und mit einem Quellennachweis zu belegen. Dies ist uns in einigen wenigen Fällen nicht gelungen. Wir bitten, die Autoren oder Verlage dieser Textstellen, mit uns Verbindung aufzunehmen.

Bildnachweis

Umschlag „Der Finger Gottes", Detail aus dem Fresko „Die Erschaffung Adams" von Michelangelo, 1510
S. 6   Willi Kohlmann, Hamburg
S. 9   Artreference/Piesker, Frankfurt/M.
S. 12/13   Gisela Peters, Marwang/Obb.
S. 15   oben, Hans Lachmann, Monheim
S. 15   unten, Bavaria/Kürschner, München
S. 21   „Christus", Kopf von einem Kruzifix aus Holz, 12. Jh. Collection L. P. Bresset
S. 23   Werner König, Hamburg
S. 25   Gisela Peters, Marwang/Obb.
S. 27   Bavaria/Buchholz, München
S. 31   „Jesus fällt zum zweiten Male", Relief von Francesco Messina, 1960. S. Giovanni Rotondo, Italien

© Agentur des Rauhen Hauses Hamburg, 1987
Grafische Gestaltung: Christel Meraner, Hamburg
Satz: Partner Satz GmbH, Hamburg
Lithos: Rüdiger & Doepner, Bremen
Druck: Kölnische Verlagsdruckerei, Köln
ISBN 3 7600 0453-9
Best.-Nr. 1 1585-0